바다

글 트레이시 터너 | 그림 커스티 데이비드슨 | 번역 김지연

Published in 2022 by OH!, an Imprint of Welbeck Children's Limited, part of Welbeck Publishing Group

All rights reserved. No part of this publication may be reproduced, stored in a retrieval system, or transmitted in any form or by any means, electronically, mechanical, photocopying, recording or otherwise, without the prior permission of the copyright owners and the publishers.

Design, illustrations and original English language text © Welbeck Children's Limited 2022

KOREAN language edition ⓒ 2023 by Forest With You Publishing Co.

KOREAN translation rights arranged with Welbeck Publishing Group through Pop Agency, Korea.

스몰 앤 마이티
작지만 강한 지식

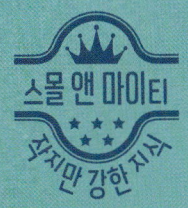

바다

글 트레이시 터너 | 그림 커스티 데이비드슨 | 번역 김지연

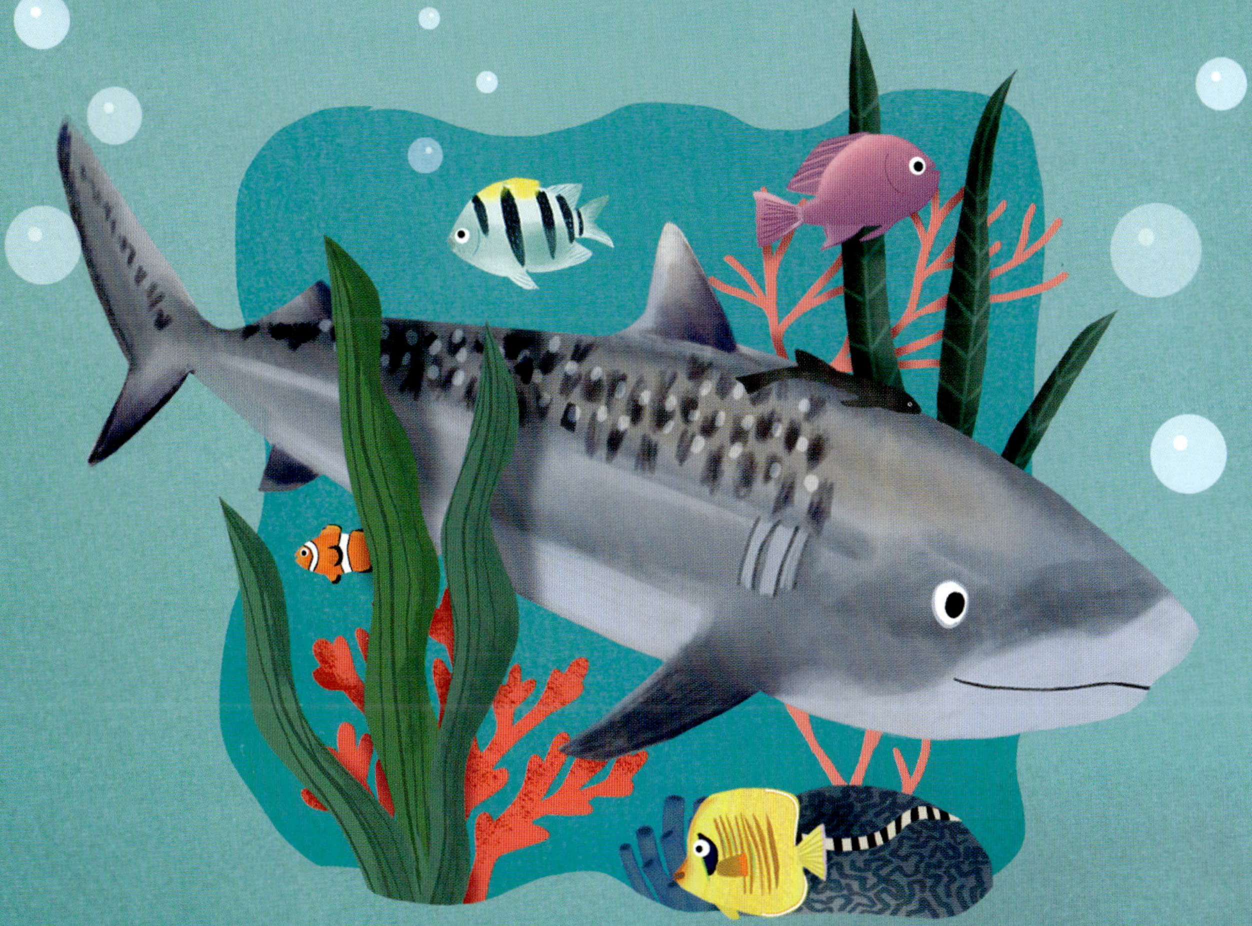

너와숲

목 차

바다
9

물고기들
27

바다새와
바다 포유류
51

드넓은 바다로 출발!

이 작은 책은 지구의 바다에 대한
많은 이야기로 가득 차 있어요.
바다는 지구의 대부분을 차지하고 있지요.
그 아래에는 화산, 산, 11킬로미터 깊이의 해구,
그리고 여러분이 지금부터 만나볼
놀라운 동물들이 살고 있어요.
어떤 사실들을 알게 될지 궁금하지 않나요?

🌬 뇌가 세 개인 동물,
🌬 풍선처럼 부풀어 있는 물고기,
🌬 5만 년 전 바다,
🌬 뜨거운 온도를 견디는
길이 2미터의 서관충까지!

아직도 모르는 것이 많은 신비로운 바다에 대해
많은 사실을 알 수 있을 거예요.
자, 우리 같이 바닷속으로 들어가 볼까요?

바다

Ocean Home

바닷속으로
깊이 들어갈수록
빛은 줄어들고
온도는 내려가요.
그리고 바닷물의
무게 때문에
압력은 더
강해진답니다.

물고기나
다른 해양 생물들은 대부분
햇빛이 닿는 부분인
해수면에서
200미터 깊이에 살아요.
하지만 더 깊고, 춥고,
칠흑같이 어두운
심해에서 사는
동물들도 있어요.

해양 생물의
4분의 1은
산호초 근처에서
살아요.

가장 큰 산호초는 오스트레일리아 동쪽에 있는
그레이트 배리어 리프랍니다.
길이는 무려 2600킬로미터나 되고,
2만 년에 걸쳐 만들어진 곳이에요.
바다에는 수많은 산호초가 있어요.
대부분 따뜻하고 얕은 바다에서 볼 수 있지요.
하지만 어떤 산호초는
더 깊고 차가운 바다에서 살기도 해요.

블랙스왈로라는 물고기는
해수면에서 2500미터보다 더 아래에서 살아요.
위기에 놓여서 자신보다 더 큰 크기의 물고기를 잡아먹을 수도 있답니다.

심해 생물 대부분은
스스로 빛을 만들어요.
이렇게 몸에서 빛이 나는 현상을
생물 발광이라고 해요.
이런 심해 생물 중 하나가 아귀랍니다.
아귀는 입 위에
빛나는 초롱이 매달려 있어서
작은 물고기를 유인한 다음
가까이 다가오면 잡아먹어요.

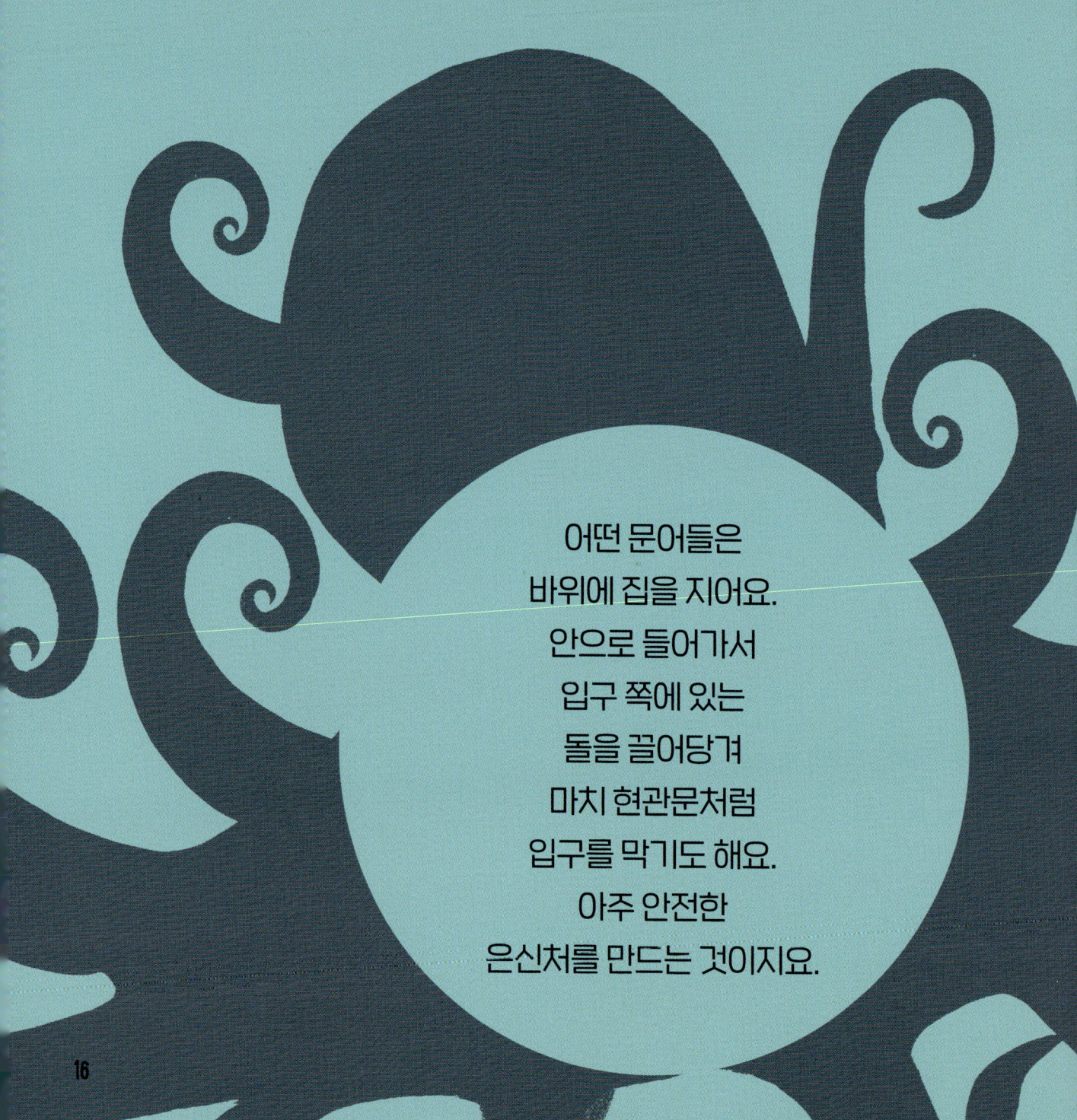

어떤 문어들은
바위에 집을 지어요.
안으로 들어가서
입구 쪽에 있는
돌을 끌어당겨
마치 현관문처럼
입구를 막기도 해요.
아주 안전한
은신처를 만드는 것이지요.

소라게는 부드러운 몸을 보호해 줄 집으로 사용할 껍데기를 찾아요. 자라면서 몸이 커져 껍데기가 작아지면 소라게는 점점 더 큰 껍데기를 찾지요.

열수구는
깊이 2000미터가 넘는
바닷속에 있는
굴뚝 같은 거예요.
지각 속 암석이
열 때문에 녹으면서 생긴
화학물질로 가득한
아주 뜨거운 물이
이 굴뚝에서 뿜어져 나와요.

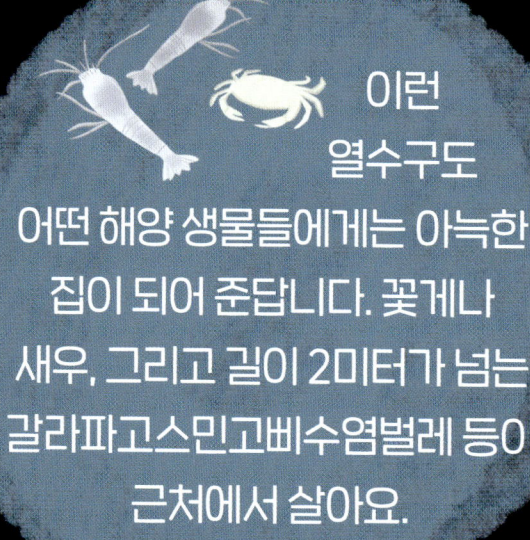

이런 열수구도
어떤 해양 생물들에게는 아늑한
집이 되어 준답니다. 꽃게나
새우, 그리고 길이 2미터가 넘는
갈라파고스민고삐수염벌레 등이
근처에서 살아요.

흰동가리

흰동가리는 따끔한 촉수를 가진
말미잘과 함께 살면서 몸을 보호해요.
얇은 피부층을 가지고 있어서
말미잘의 촉수에 다치지 않는답니다.
그 보답으로, 흰동가리는 말미잘의 촉수를
잘라 내는 나비고기를 쫓아내
말미잘이 건강하게 살 수 있도록
도와준답니다.

말미잘은 몸을 마비시키는 수백 개의
작은 실을 쏘아서 지나가는
바다 생물들을 잡아먹어요.
흰동가리는 말미잘이 먹고 남긴 것을
주로 먹지요.

아주 차가운 바다에는
너무 작아서 보이지 않는
플랑크톤이 풍부해요.
규조 같은 식물이나
물벼룩 같은 동물성 플랑크톤은
더 큰 물고기들의 먹이가 되어 줘요.
식물은 산소를 만들어
많은 생물이 살아갈 수 있게 해 준답니다.
그래서 차가운 바닷속에서도
많은 생물이 살 수 있는 거예요.

북극에는 북극곰,
일각돌고래, 바다코끼리 같은
동물들이 살아요.

남극에는 펭귄이나
바다표범이 살고 있어요.

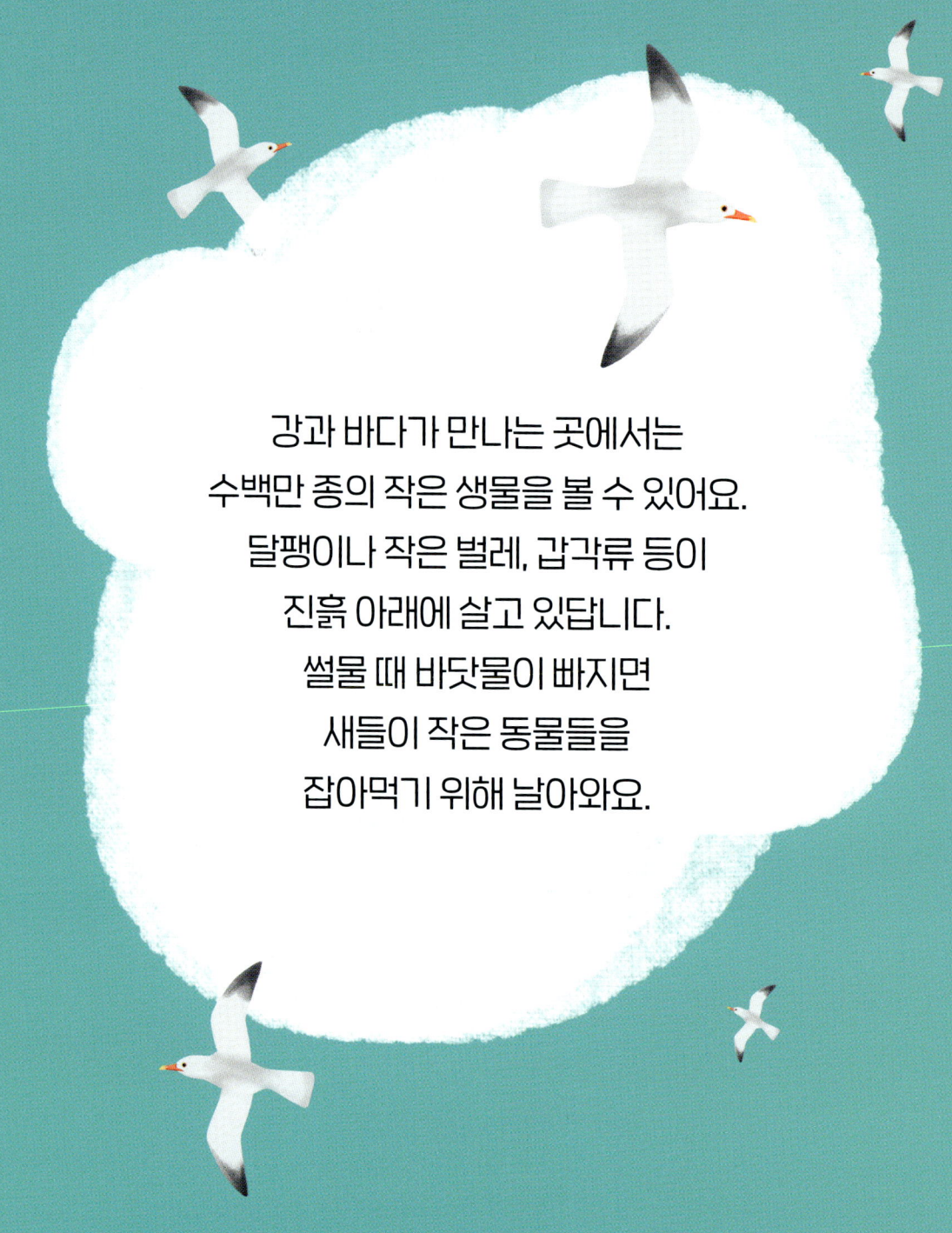

강과 바다가 만나는 곳에서는
수백만 종의 작은 생물을 볼 수 있어요.
달팽이나 작은 벌레, 갑각류 등이
진흙 아래에 살고 있답니다.
썰물 때 바닷물이 빠지면
새들이 작은 동물들을
잡아먹기 위해 날아와요.

맹그로브는
바닷가 근처에서 자라는 나무예요.
땅 위로 드러난
맹그로브 뿌리 근처는
물고기나 새우, 꽃게,
해파리, 그리고 악어의
아늑한 보금자리랍니다.

레몬상어 새끼처럼
어린 동물에게는 넓은 바다보다
맹그로브 습지가
더 안전한 서식지예요.

물고기들

Fishy Friends

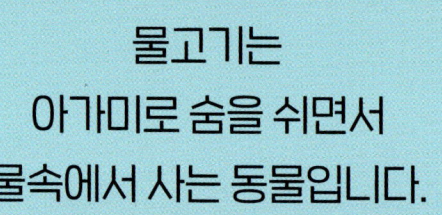

물고기는
아가미로 숨을 쉬면서
물속에서 사는 동물입니다.
수만 가지 종이 있는데,
서로 매우 다른 모양과
특징을 가지고 있어요.
상어는 가장 큰 물고기이고,
뱀장어는 뱀처럼 생긴 물고기이며,
해마는 가장 이상하게 생긴
물고기 중 하나랍니다.

복어

복어는 물을 벌컥벌컥 마시고 나서
몸을 풍선처럼 부풀려
다른 물고기가 잡아먹기 힘든 모양으로 변신해요.
복어는 대부분 가시를 가지고 있어서
몸이 잔뜩 부풀면 뾰족한 가시가 달린 풍선처럼 보여요.
또 복어는 독을 가지고 있어요.

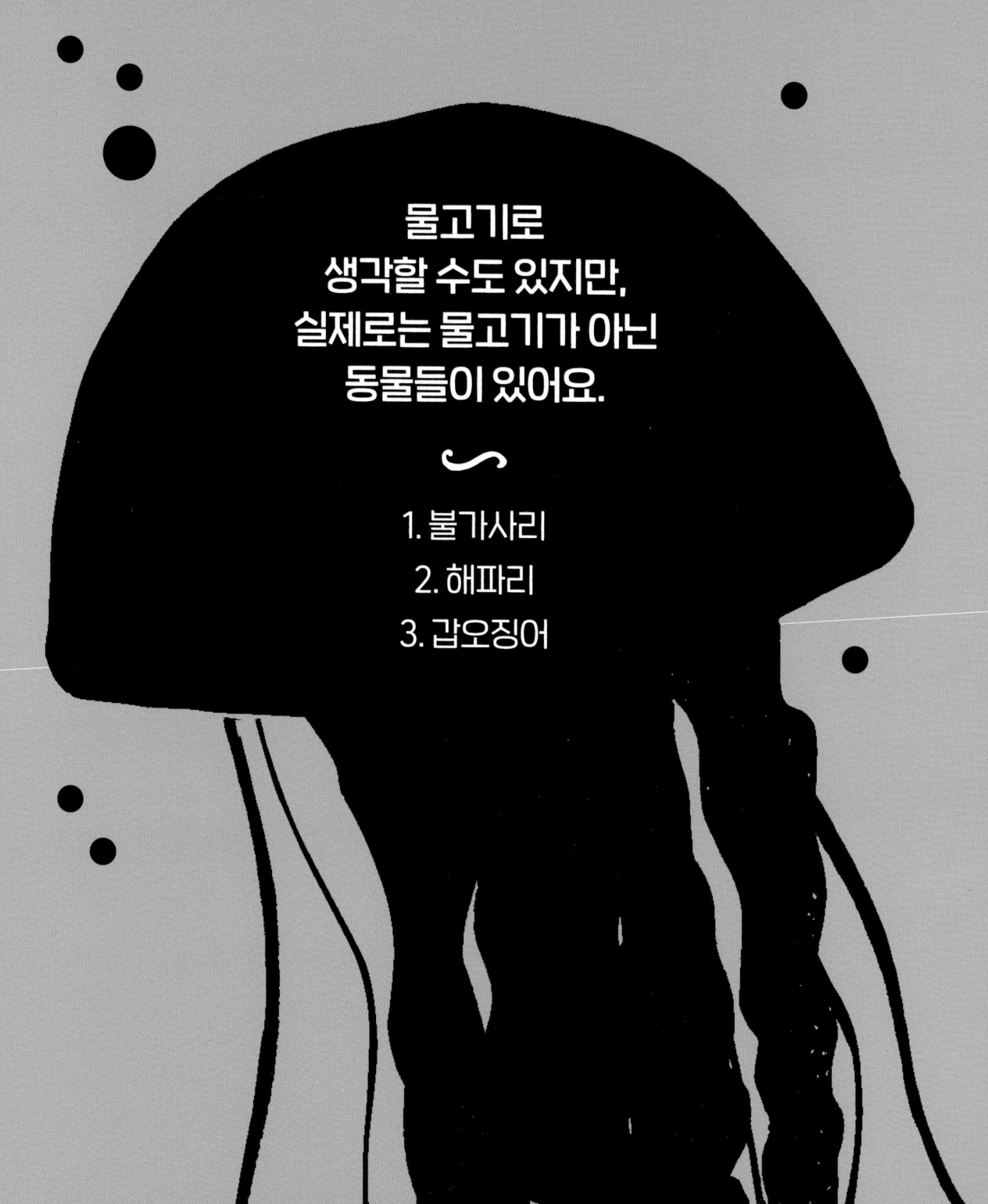

물고기로
생각할 수도 있지만,
실제로는 물고기가 아닌
동물들이 있어요.

1. 불가사리
2. 해파리
3. 갑오징어

특이한 이름을 가진
물고기도 있어요.
생긴 모양도 정말 독특하지요!

1. 큰입베도라치
2. 뚝지
3. 붉은입술부치

파랑비늘돔

파랑비늘돔은 슬라임 같은 점액 물질을 만들고 그 속에서 잠을 자요. 모래는 대부분 작은 돌과 껍질 알갱이로 이루어져 있어요. 하지만 산호초 근처 모래에는 비늘돔의 배설물도 섞여 있답니다! 바위와 산호에 붙어 있는 해조류를 긁어내서 먹는 파랑비늘돔은 산호의 성장을 돕고, 모래 똥을 싸요. 그래서 바다의 수호천사라고 불리기도 해요!

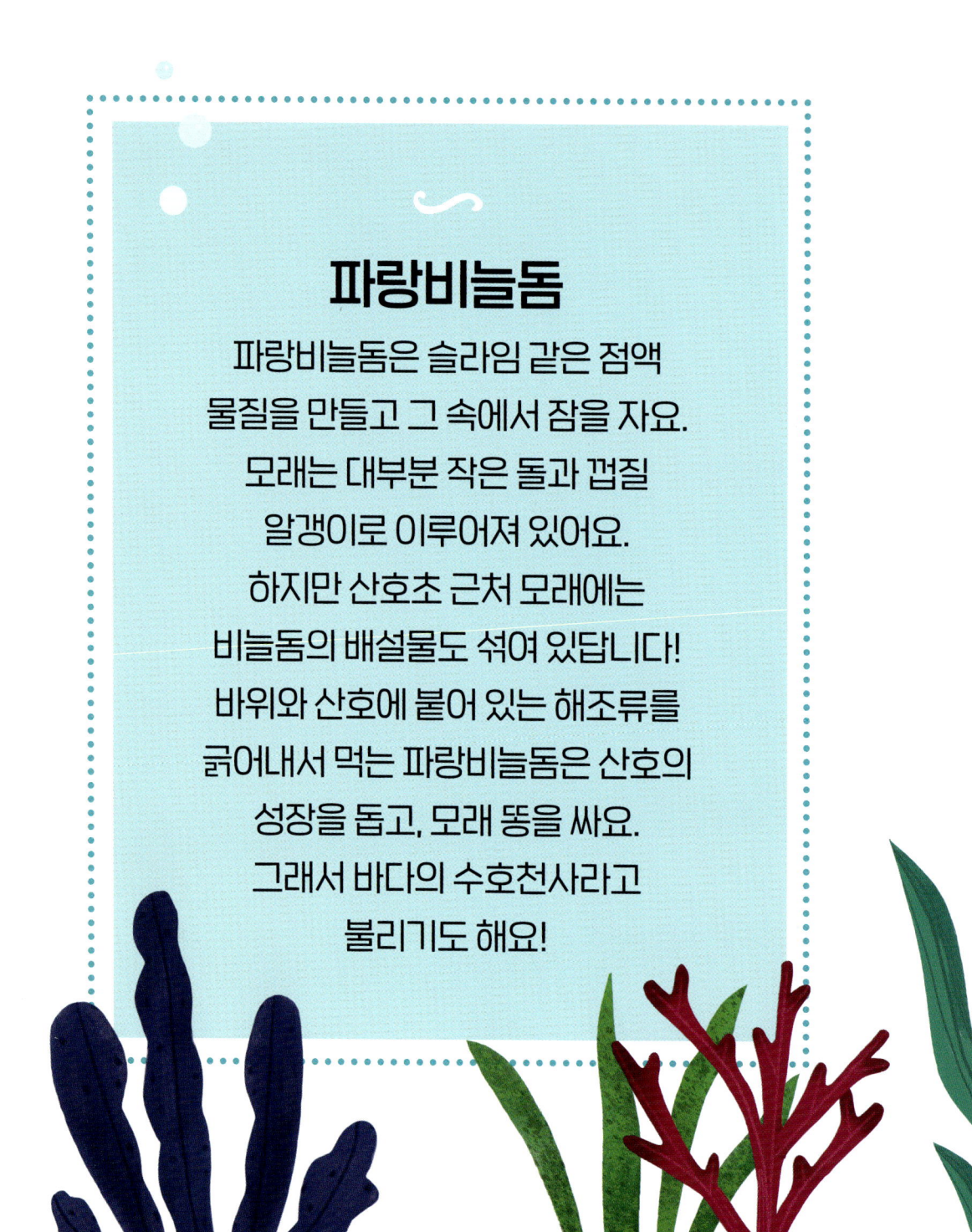

독특한 머리를 가진 물고기들

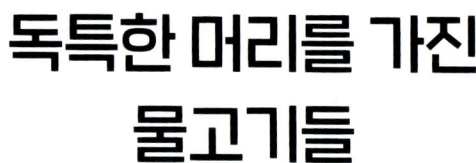

1. 황새치

칼처럼 날카로운 부리를 가진 물고기예요.

2. 톱상어

톱처럼 생긴 이빨이 나 있는 긴 주둥이가 특징이에요.

3. 날개귀상어

최대 1미터 길이의 넓적한 머리를 가지고 있어요.

수백만 마리의 정어리가
길이 7000미터, 폭 1500미터,
깊이 30미터 규모의 떼를 지어
남아프리카 해안을 따라 이동해요.

모든 흰동가리는
수컷으로 태어나요.
그런데 나중에
무리를 이끄는 흰동가리가
암컷으로 바뀐답니다.
정말 신기하지요?

상어는 4억 년 전부터 살았어요.
최초의 공룡이 나타나기
1억 5000만 년 전이지요.

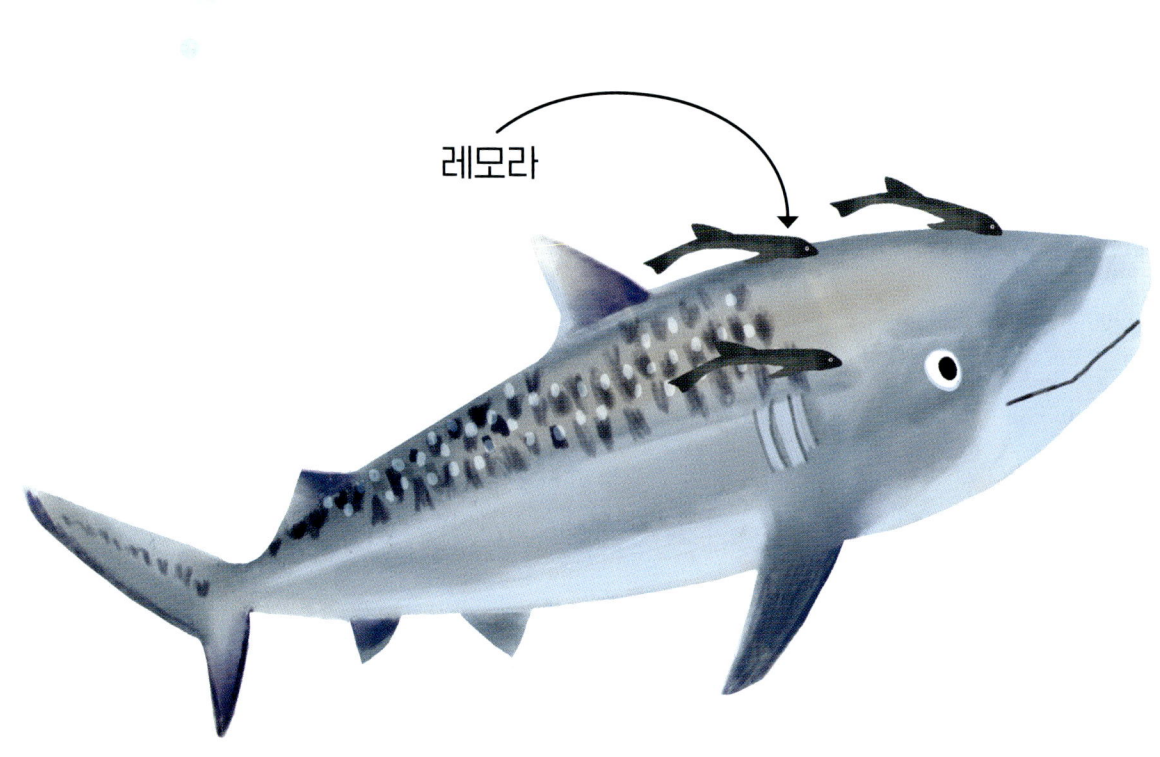

레모라

빨판상엇과 물고기인 레모라는
상어나 또 다른 몸집이 큰 물고기에게 매달려 살아요.
상어나 다른 물고기의 등에 탄 채
쉽게 이동하며 살아간답니다.
그리고 큰 물고기가 먹고 남은 것을 먹고 살지요.

가오리

납작하게 생긴 가오리는
상어와 가까운 친척인 물고기예요.
상어처럼 가오리는 물속의
전기 신호를 감지해 먹이를 찾는
특별한 감각기관을 가지고 있어요.

또 가오리는 강력한 전류를 만들 수 있어요.
다른 동물에게 위협을 느끼거나
먹잇감을 기절시킬 때 사용한답니다.

황새치

황새치는 길고 얇은 부리를 가지고 있어요.
이 부리는 사실 턱뼈의 일부분이에요.
황새치는 뾰족한 부리로
작은 물고기를 공격해요.
날카로운 칼처럼 생긴 부리 때문에
놀라거나 다친 물고기는
잡아먹기 쉬운 먹잇감이 된답니다.

실러캔스

실러캔스는 아주 오래전부터
지구에서 살아온 물고기예요.
약 6600만 년 전에
멸종한 것으로 생각되었지만,
1938년에 한 마리가 발견되었어요!
그래서 '살아 있는 화석'이라고
부르기도 한답니다.

뱀상어

뱀상어는 까다로운 입맛을 가진 물고기가 아니에요. 주로 물고기나 바다 포유류, 바다 새, 거북을 잡아먹는데, 자동차 번호판이나 타이어 등 각종 쓰레기까지 마구 먹어서 문제가 된답니다.

해마

바다에는 47종이 넘는
해마가 살고 있어요.
그중에는 동물의 이름을 딴
해마들도 있답니다.

1. 기린해마
2. 고슴도치해마
3. 호랑이꼬리해마
4. 얼룩말해마

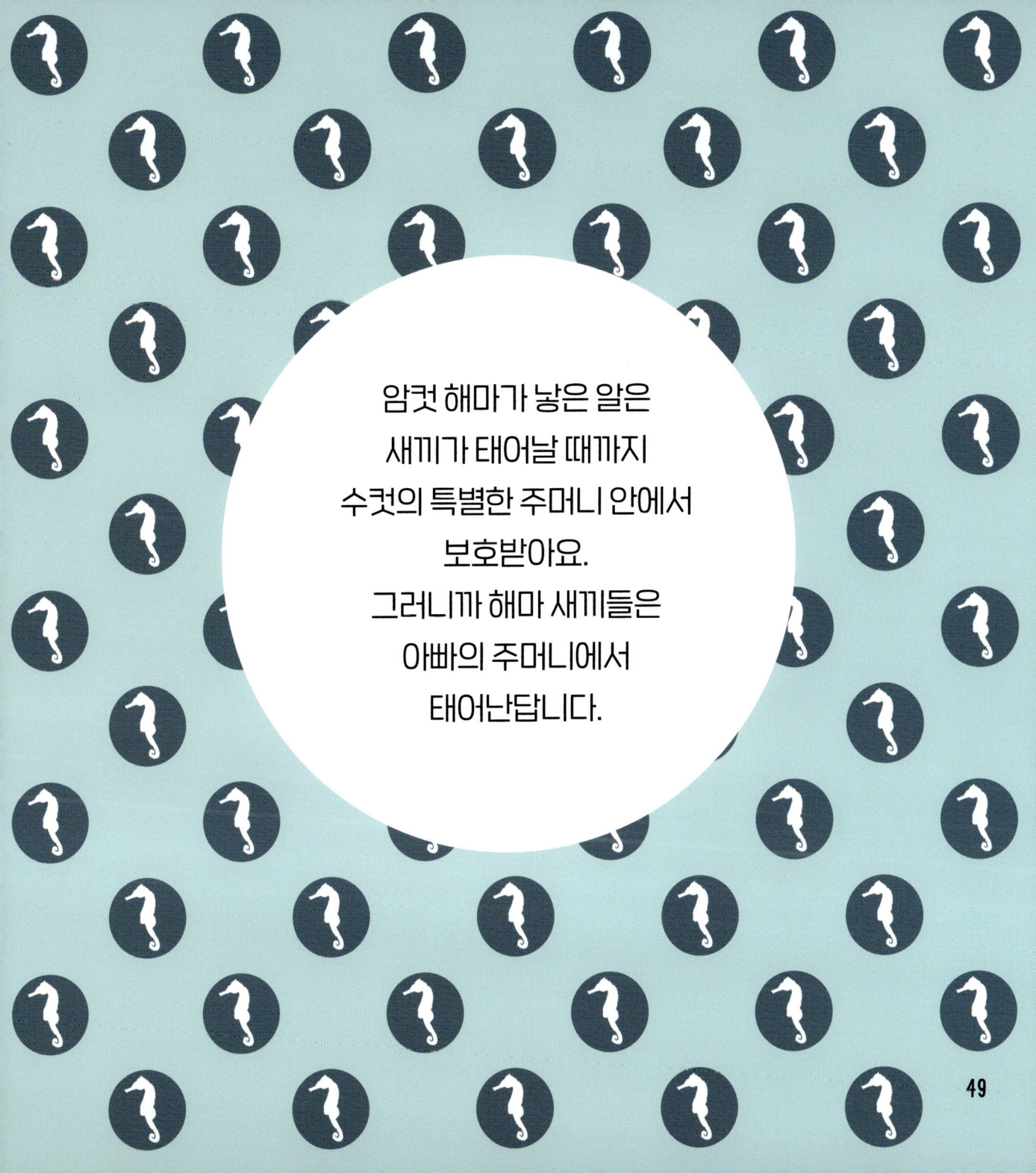

암컷 해마가 낳은 알은
새끼가 태어날 때까지
수컷의 특별한 주머니 안에서
보호받아요.
그러니까 해마 새끼들은
아빠의 주머니에서
태어난답니다.

바다 새와 바다 포유류

Seabirds and Mammals

포유류

포유류는 온혈동물로,
우리가 흔히 알고 있는
사람, 곰, 돌고래 등이 포함돼요.
바다 포유류는 말 그대로
바다에서 살아가는 동물들이에요.
고래처럼 바닷속에서 사는 포유류도 있고,
북극곰처럼 주로 땅에서 사는
포유류도 있어요.

수백만 종의 바다 새가
바다를 서식지로 삼아
살고 있어요.
바다가 있어야만
살 수 있는 조류이지요.

펭귄의 종류는 18가지나 돼요.

1. 아델리펭귄
2. 자카스펭귄
　(아프리카펭귄)
3. 턱끈펭귄
4. 황제펭귄
5. 볏왕관펭귄
　(선눈썹펭귄)
6. 피오르드랜드펭귄
7. 갈라파고스펭귄
8. 젠투펭귄
9. 훔볼트펭귄
10. 킹펭귄
11. 쇠푸른펭귄
12. 마카로니펭귄
13. 마젤란펭귄
14. 남부바위뛰기펭귄
15. 로열펭귄
16. 북부바위뛰기펭귄
17. 스네어스펭귄
18. 노란눈펭귄

펭귄은 북반구에서 가끔 볼 수 있는
갈라파고스펭귄 한 종류를 제외하면
모두 남반구(세계의 남쪽 절반)에서
살고 있어요.

고래와 돌고래는
평생 바다에서 살아요.
하지만 포유류이기 때문에
가끔 수면 위로 올라와
숨을 쉬어야 한답니다.

고래와 돌고래는 주로 눈으로 주변을 살피지만
일부는 소리를 내서 그 소리가 주변의 물체에
부딪쳤다가 되돌아오는 소리를 듣고
그것들의 위치를 알아내기도 해요.

즉, 자신이 만든 음파가
부딪쳐 되돌아오는 메아리를 듣고
거리를 알거나 형태를 구분하지요.
아주 똑똑한 이 방법을 '반향 위치 측정'이라고 불러요.

북극곰은 바다 포유류이자
육지에서 가장 큰 육식동물이에요.
수영을 아주 잘해서
멀리까지 헤엄칠 수 있어요.
육지에서 100킬로미터나 떨어진
바다에서 헤엄치고 있는 모습이
목격되기도 했어요!

북극곰의 털 아래
피부는 검은색이에요.
놀라운 사실은
이 털들이 속이 비치고
비어 있다는 거예요.
비어 있는 털이
빛을 반사하기 때문에
하얗게 보이는 거랍니다.
그래서 우리가 봤을 때는
새하얀 곰으로 보이는 것이지요.

나그네앨버트로스

나그네앨버트로스는
거의 모든 시간을 바다 위를 날면서 보내요.
이 새의 날개 길이는 3미터로,
그 어떤 새보다 길어요.
나그네앨버트로스는
수천 킬로미터를 여행하는데,
거대한 날개를 펼쳐 공기 흐름을 타고
유유히 날아다니지요.

스피너돌고래가 단연 으뜸이에요. 공중에 뛰어올라 빙글빙글 회전하며 헤엄쳐 회전하는 모습은 정말 멋지답니다! 그 중에서도 스피너돌고래는 돌고래는 뛰어난 수영 선수랍니다.

바다에는 36종의 돌고래가 살고 있는데,
그중에서 범고래가 가장 커다래요.

강에서 사는 강돌고래도
종류가 다섯 가지나 있는데,
그중 두 가지는
아마존에서만 볼 수 있어요.

큰돌고래는 뇌의 절반을
깨어 있는 상태로 유지할 수 있어서
잠을 자면서도
주변이 위험해지면 알아챌 수 있답니다.

바다코끼리
바다코끼리의 몸무게는 무려 1500킬로그램이나 돼요!

심지어 갓 태어난 새끼 바다코끼리도
사람 어른보다 무거워요.
수컷과 암컷 바다코끼리는 둘 다 길이가
1미터도 넘는 거대한 엄니를 가지고 있어요.
바다코끼리는 엄니를 다양하게 활용해요.
물 밖으로 몸을 끌고 나가야 할 때는
지팡이처럼 사용하고, 숨을 쉬기 위해
바다 위에 얼어 있는 얼음인 해빙을
구멍을 뚫는 드릴로도
사용하지요.

혹등고래

혹등고래는 남극 근처
차가운 바다에서 더운 여름을 보내고
겨울이 되면 5000킬로미터를 헤엄쳐서
따뜻한 태평양으로 가요.

일각고래

일각고래는 긴 나선형 엄니를 가진 고래예요.
엄니의 길이는 3미터로,
일곱 살 어린이 세 명이
서로의 어깨 위에 서 있는 것과
거의 비슷한 길이랍니다.
수컷 일각고래만
이렇게 긴 엄니를 가지고 있고,
암컷 일각고래는
엄니가 아예 없거나 짧아요.

바다거북은
일곱 가지 종이 있어요.

1. 장수거북
2. 붉은바다거북
3. 푸른바다거북
4. 매부리바다거북
5. 납작등바다거북
6. 올리브각시바다거북
7. 켐프각시바다거북

장수거북은 바다거북 중 가장 큰 종류로,
몸무게가 900킬로그램이나 나가요.
선사시대에는 아르케론이라는
무게가 2톤이 넘는
바다거북이 있었는데,
8300만 년에서
6500만 년 전에 멸종되었어요.

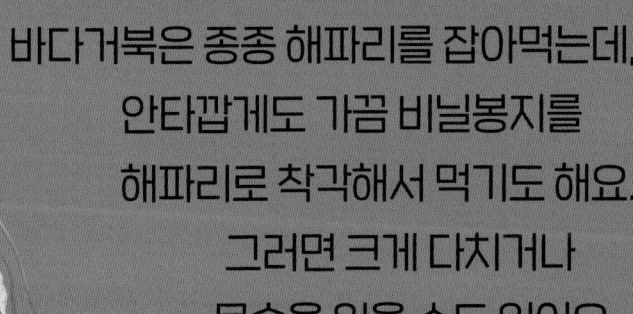

바다거북은 종종 해파리를 잡아먹는데,
안타깝게도 가끔 비닐봉지를
해파리로 착각해서 먹기도 해요.
그러면 크게 다치거나
목숨을 잃을 수도 있어요.

푸른발얼가니새

푸른발얼가니새의 물갈퀴는
선명한 파란색을 띠고 있어요.
수컷은 암컷에게
파란 발을 자랑하며 돌아다니지요.
왜냐하면 암컷은
수컷의 발이 푸를수록
더 멋있다고 생각하거든요.

얼가니새는 모두 여섯 종이 있어요.
그중에서도 붉은발얼가니새는
가장 작은 종으로,
새빨간 발과 대비되는
파란색 부리를 가지고 있어요.

바다오리

바다오리는 거친 혀와 가시가 있는 입으로 먹잇감을 단단히 움켜쥘 수 있기 때문에 한번에 많은 물고기를 입에 물고 있을 수 있어요. 그래서 바다오리는 한꺼번에 많은 먹이를 가지고 와서 새끼에게 먹인답니다.

바다오리는 뛰어난
수영 선수예요.
물고기를 잡기 위해
60미터 깊이까지
다이빙할 수도 있어요.

바다오리의 부리와
발은 봄과 여름에만
밝은 주황색을 띤답니다.
다른 계절에는 훨씬 더
칙칙한 색깔이고,
각질이 떨어져 나가
부리가 작아진 것처럼
보이기도 해요.

바다표범과 바다사자

바다표범과 바다사자는
기각류라고 부르는 바다 포유류예요.
둘의 가장 큰 차이는 지느러미 발의 사용법이에요.
바다사자는 땅 위를 걸을 때,
바다표범은 헤엄을 칠 때
지느러미 발을 사용하거든요.
육지에서 바다표범은 배밀이를 하듯
배로 기어서 움직인답니다.

또 한 가지 다른 점은 바다사자에게는 귀가 있고,
바다표범에게는 귀가 없다는 거예요.

대왕고래

대왕고래의 나이는
귀지를 보면 알 수 있어요!
살아가는 동안 대왕고래의 귀에
귀지가 계속 쌓이거든요.
그래서 과학자들은 귀지를 보고
대왕고래의 나이를 추측해요.

대왕고래는 대부분
80~90년 정도 살아요.
가장 오래 산 대왕고래는
110살이었어요.
역시 귀지를 보고
알아낸 사실이지요.

또 다른 바다 생물들

Other Ocean Animals

지구를 보면
바다가 육지보다
훨씬 많은 면적을
차지하고 있어요.

넓은 만큼 많고 다양한 생물이 살고 있지요.
물고기나 바다 새,
바다 포유류와 함께
살아가는 파충류도 있답니다.
바다 파충류에는 거북도 있고,
문어나 오징어 같은 연체동물도 있어요.
그리고 더 이상하고 신기한 모습을 가진
생물들도 있답니다!

문어

문어는 팔 여덟 개, 뇌 세 개,
그리고 파란색 피를 가지고 있어요.
그런데 팔이 일곱 개인 문어가
딱 한 종류 있어요.
이름도 '일곱팔문어'랍니다!

문어는 피부색을 바꿀 수 있어서
눈에 띄지 않게 주변과 같은 색으로
변신할 수도 있어요.
몸의 색깔을 바꾸면서
의사소통하기도 하지요.

오징어, 갑오징어,
굴, 가리비, 문어는
모두 해양 연체동물이에요.

대부분의 연체동물은
바다에 살지만,
달팽이나 민달팽이처럼
육지에 사는
연체동물도 있어요.

육지에 사는 민달팽이와 달리,
바다 민달팽이는
아주 밝은 색깔을 띠고 있어요.
이 색깔은 다른 동물들에게
달아나라고 경고하는
보호색이나 마찬가지랍니다.

바다뱀은 가장 강력한 독을 가진 동물 중 하나입니다. 작은 송곳니에서 아주 적은 양의 독을 뿜어내 먹이인 물고기 속으로 바로 집어넣습니다. 하지만 사람에게는 그렇게 위험하지 않아요. 공격적이지 않거든요.

불가사리

불가사리는 물고기가 아니에요.
극피동물이라고 부르는 동물군에 속하는데,
성게도 같은 동물군에 속해요.
불가사리는 약 1600종이 살고 있어요.

불가사리는 대부분 가운데 디스크 모양을 중심으로
다섯 개의 팔이 뻗어 있는 형태예요.
하지만 10개, 20개, 40개 또는 50개의
팔을 가진 불가사리도 있답니다.

불가사리는
팔이 잘리거나 다치면
새로운 팔을 만들 수 있어요.
그래서 공격을 받으면 일부러
팔 하나를 떼어내고 도망치기도
해요. 어차피 새로운 팔이
생길 테니까요!

해파리는 눈도 없고, 뇌도 없어요.

해파리는 주머니 또는 가방처럼 생긴 몸에
아주 길고 가는 촉수가 여러 개 매달려 있는
독특한 모습을 하고 있어요.
촉수로 먹잇감을 마비시킬 수 있지요.

어떤
해파리는
야광이에요!

불가사리는 조개, 바다 달팽이,
지렁이 같은 동물들을 먹어요.
어떤 불가사리는 홍합이나 가리비처럼
껍데기가 있는 동물을 먹는
특이한 식성을 가지고 있어요.
불가사리는 위를 입 밖으로 꺼내서
먹잇감의 부드러운 부분을 집어삼켜요.

불가사리의 눈은 팔의 가장 끝부분에 달려 있어요.

재미있는 이름을 가진
불가사리도 있어요.

1. 초코칩 불가사리
2. 해바라기 불가사리
3. 북극쿠키 불가사리
4. 핀쿠션 불가사리
5. 가시왕관 불가사리

산호초는 해파리와 말미잘의 친척뻘인
수백만 개의 작은 산호 폴립(각각 작은
동물들이에요)들로 이루어져 있어요.
단단한 산호는 몸의 겉을
단단한 골격으로 만들어 산호초를 만들어요.
산호초는 따뜻하고 얕은 물에서 볼 수 있어요.

부드러운 산호는 구부러지는 유연한
식물(하지만 동물이에요!)처럼 보여요.
단단한 산호처럼 암석 같은
골격을 가지고 있지 않아요.
따뜻하고 얕은 물과
깊고 차가운 물 모두에서 발견된답니다.

바다뱀

바다뱀은 사람들처럼 공기로 숨을 쉬어요.
그래서 숨을 쉬려면
수면 위로 올라와야 해요.
그런데 물속에 있는
산소로 호흡하는 바다뱀도 있어요.
피부를 통해 산소를 바로 혈관으로
전달하는 능력을 가지고 있거든요.
마치 물고기의 아가미처럼 말이에요.

대왕오징어

대왕오징어에 대해 알려진 것은
많지 않아요.
왜냐하면 너무 깊은 바닷속에 살고 있고,
아주 잘 숨기 때문에
쉽게 발견되지 않거든요.
지금까지 발견된
대왕오징어 중 가장 큰 것은
길이가 18미터나 된답니다.

사람과 바다

People and the Sea

사람은 바다 없이 살 수 없어요.
바다에서 식량을 얻고,
이동하고, 도움을 받지요.
아주 오래전 사람들이
새로운 땅을 발견할 수 있었던 것도
항해를 통해서였어요.

바다는 너무나 크고 광활한 곳이에요.
아직도 탐험할 곳이 많이 남아 있지요.
지금까지 우리는 해저 지도를
5분의 1 정도만 만들었어요.
전체 바다의 아주 작은 부분만 탐험한 것이지요.

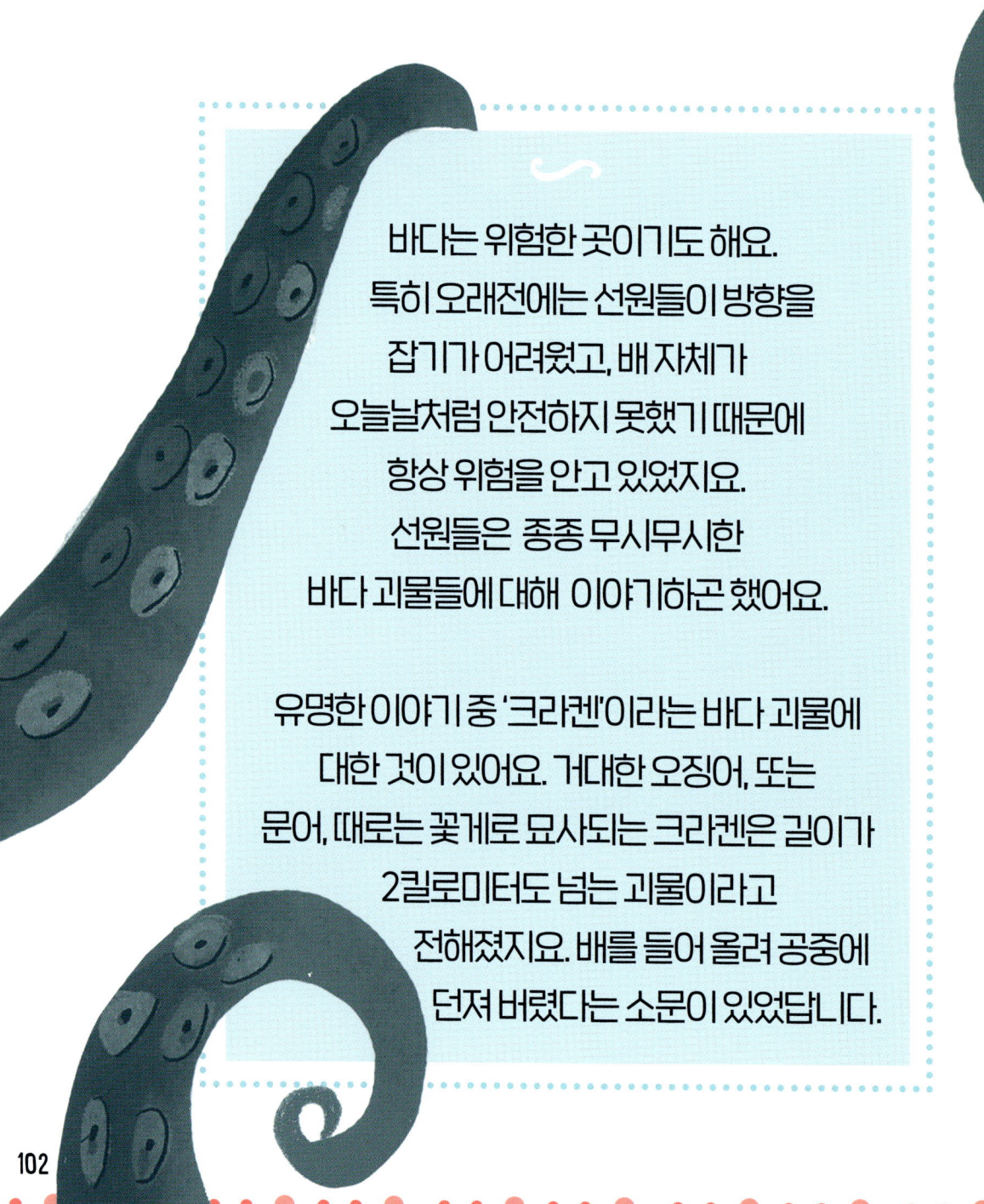

바다는 위험한 곳이기도 해요.
특히 오래전에는 선원들이 방향을
잡기가 어려웠고, 배 자체가
오늘날처럼 안전하지 못했기 때문에
항상 위험을 안고 있었지요.
선원들은 종종 무시무시한
바다 괴물들에 대해 이야기하곤 했어요.

유명한 이야기 중 '크라켄'이라는 바다 괴물에
대한 것이 있어요. 거대한 오징어, 또는
문어, 때로는 꽃게로 묘사되는 크라켄은 길이가
2킬로미터도 넘는 괴물이라고
전해졌지요. 배를 들어 올려 공중에
던져 버렸다는 소문이 있었답니다.

고대 그리스인들 사이에선 바다 괴물인 스킬라와 카리브디스에 대한 이야기가 유명했어요. 스킬라는 뱀처럼 생긴 머리가 여섯 개나 달린 괴물이었고, 카리브디스는 바닷물을 빨아들였다가 뱉어 내며 거대한 소용돌이를 만들어 배를 침몰시켰대요. 좁은 해협을 사이에 두고 두 괴물이 있어서 한 괴물을 피하면 다른 괴물을 만날 수밖에 없다고 했어요. 물론 모두 다 실제로 확인되지 않은 이야기들이지요.

사람들은 생선을 좋아해요.
사람들이 좋아하는 생선 중에
가장 특이하고 비싼 생선은
바로 복어랍니다.
여러 가지 방법으로
요리해서 먹지요.

복어를 요리하려면
특별한 기술이 필요해요.
독을 잘 제거해야 하거든요.
독을 완전히 제거하지 않고 먹으면
죽을 수도 있어요!

사람이 상어에게 공격받는 일은 정말 드물어요.
하지만 사람을 공격하는
상어도 있으니 조심해야 돼요.
세 종류의 상어를 특히 조심하세요!

1. 대백상어 (길이 7미터)
2. 황소상어 (길이 2미터)
3. 뱀상어 (길이 3미터)

바다에는 400종이
넘는 많은 종류의
상어가 살고 있어요.
대부분 사람에게
위험하지 않아요.

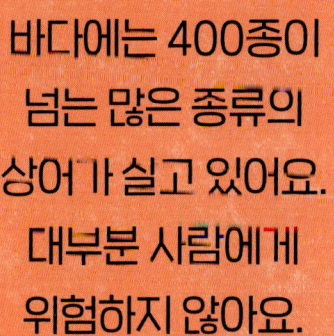

사실 사람이야말로
상어에게 위험한
존재랍니다.
해마다 1억 마리가
넘는 상어와 가오리를
사냥하거든요!

바다코끼리는 사람들의 사냥 때문에 멸종 위기에 처했어요.

1600년대부터 1800년대까지
사람들은 바다코끼리의 고기와 엄니,
그리고 가죽을 얻기 위해
무자비하게 사냥했어요.
지금은 특정 집단의 생존을 위한
소수의 사냥만 허용되고 있어요.

스톤피시

스톤피시는 사람에게
위험한 물고기랍니다.
해저에 있는 돌멩이처럼 생겨서
발견하기도 어려워요.
위협을 느끼면 등에 있는
독침으로 찌르는데,
찔리면 호흡곤란이나
신경마비가 일어나서
죽을 수도 있어요.

파란고리문어

파란고리문어에게 물리면
건장한 어른도
죽을 수 있어요.
크기가 겨우 골프공만 한
아주 작은 문어이지만
세상에서 가장 위험한
맹독을 가진 동물 중
하나랍니다.

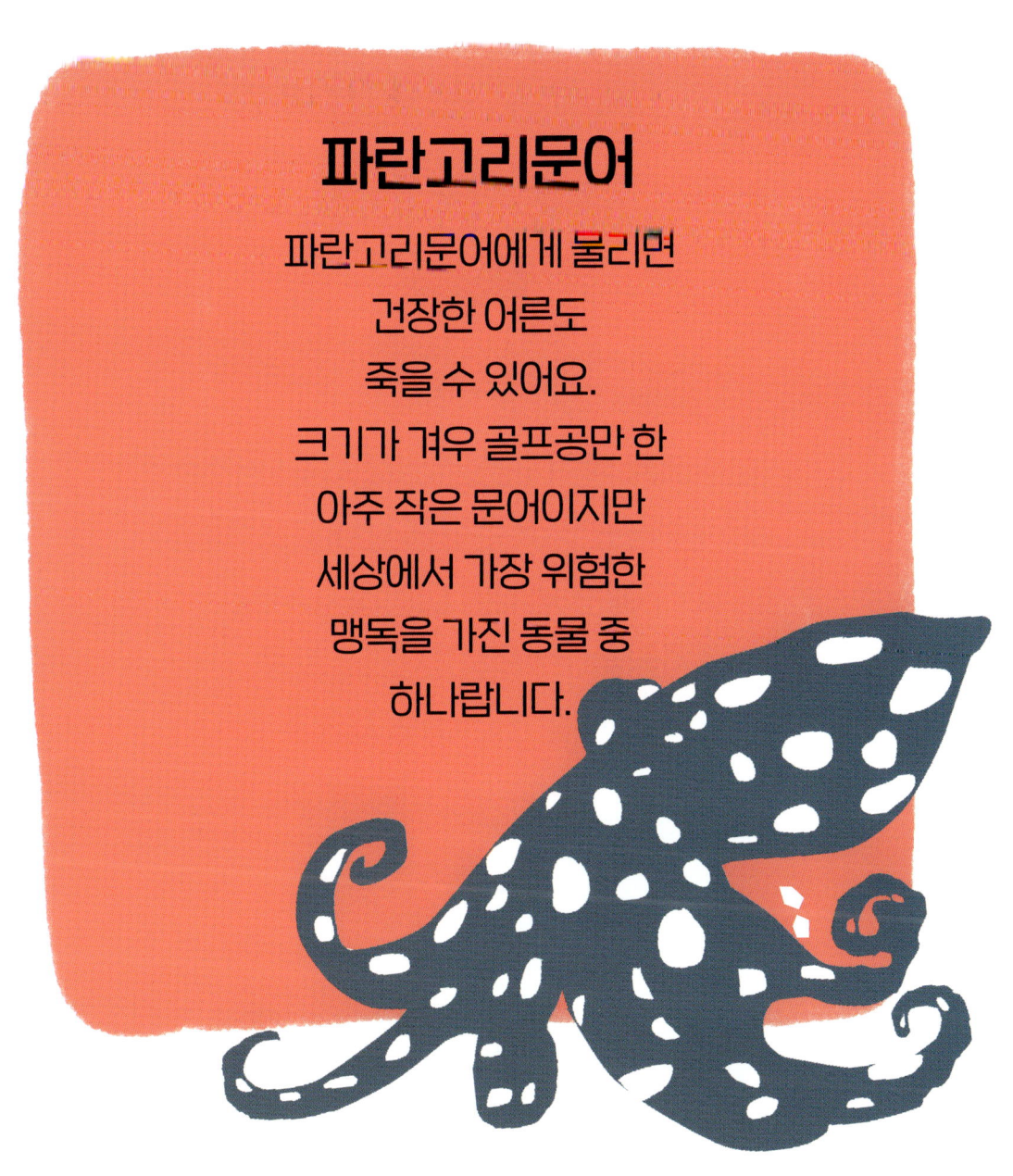

오늘날 해양 탐험가들은 해저 지도를 만들고
사진을 찍기 위해 로봇을 보내고 있어요.
과거에는 세계를 탐험하기 위해
사람들이 직접 미지의 영토로
항해를 떠나야 했지요.

1. 세계 최초의 탐험가로
5만 년 전 뗏목을 타고
오스트레일리아 대륙으로 항해한 사람들이
있어요. 그들은 아마도 바다를
90킬로미터도 넘게 항해했을 거예요.

2. 바이킹 탐험가 레이프 에이릭손은
1000년경 아이슬란드에서
현재의 캐나다로 항해했어요.

3. 1492년 크리스토퍼 콜럼버스는 유럽에서
출발해 대서양을 건너는 유명한 항해를 했어요.
하지만 그가 실제로 아메리카 본토에
발을 디뎠는지에 대해서는
아니라는 의견이 많아요.

4. 세계를 항해한 최초의 사람들은
1500년대 탐험에 나선
페르디난드 마젤란과 그의 선원들이에요.

5. 제임스 쿡 선장은 1700년대 태평양 지도를
만들었어요. 태평양의 모습을 정확히 담은
최초의 지도이지요.

바다는 사람들 때문에 위험에 처해 있어요.

지구의 대기에 이산화탄소를 더하는
석유, 석탄, 가스 같은 연료를
사용하는 사람들 때문에
지구는 점점 더워지고 있어요.

이산화탄소는 바다를 변화시키고,
산호초를 죽이고,
바다 생물들이 조개껍데기를
만드는 것을 어렵게 하는 등
다양한 바다 동물들을 위협하고 있어요.

우리는 대기와 바다에
더 많은 이산화탄소가 보내지지 않도록
노력해야 해요.
그린피스, 세계자연기금,
해양보존협회, 산호초동맹 등
다양한 국제단체들이
우리의 바다를 보호하기 위해
열심히 일하고 있어요.

바다 올림픽

Ocean Record Breakers

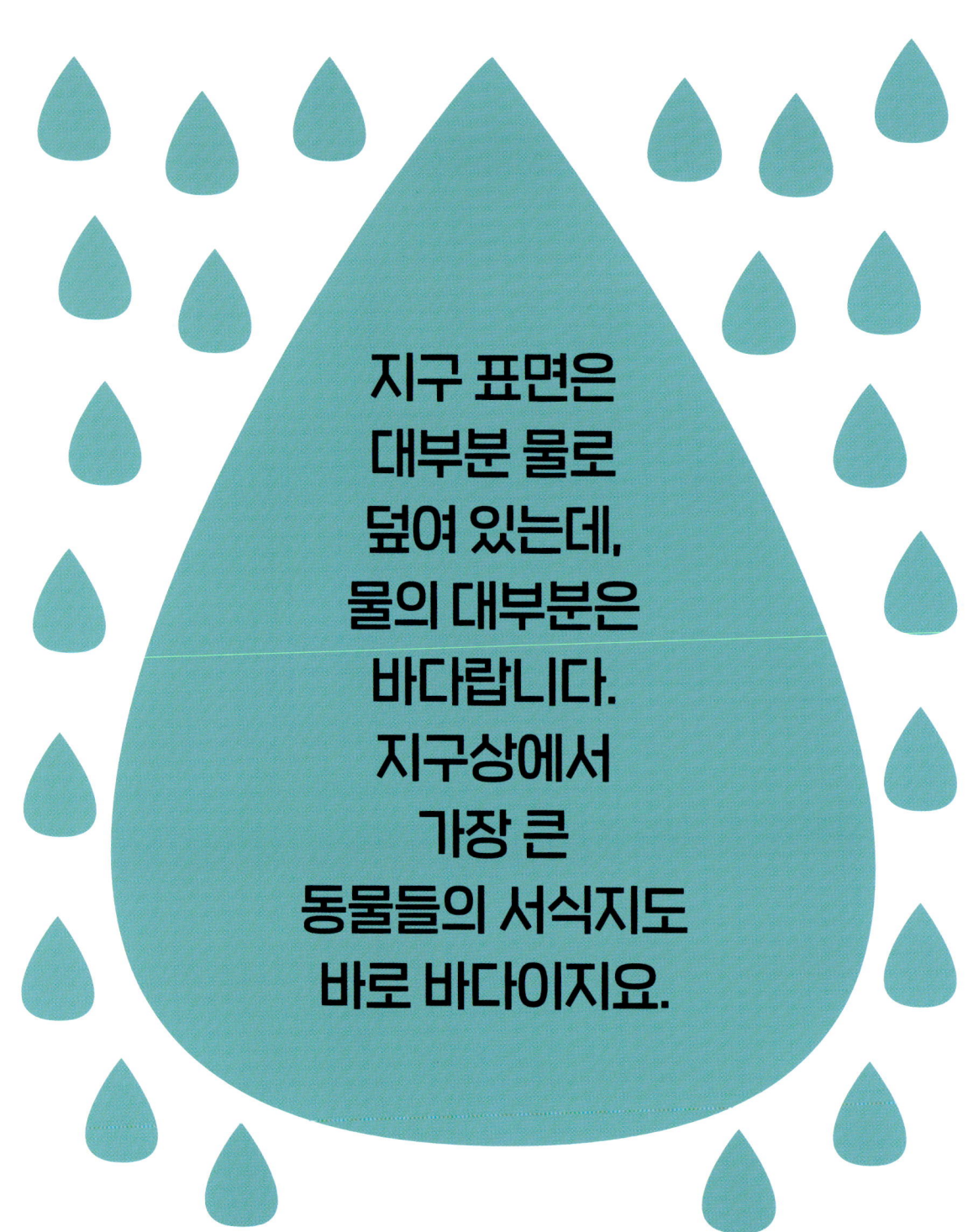

지구 표면은
대부분 물로
덮여 있는데,
물의 대부분은
바다랍니다.
지구상에서
가장 큰
동물들의 서식지도
바로 바다이지요.

자, 이제 바다에서 무엇이 가장 크고,
가장 작고, 또 가장 대단한지
올림픽을 열어볼까요?

태평양은 세계에서 가장 큰 바다예요.
실제로 지구 표면의
약 3분의 1을 덮고 있고,
지구 남쪽 끝인 남극 근처부터
북쪽의 북극까지 뻗어 있어요.
두 번째로 큰 바다인 대서양보다
두 배 이상 크답니다.

지구 역사상 가장 큰 동물은 바로 대왕고래예요.

대왕고래는 어떤 공룡보다도 더 커요.

대왕고래는 길이가 32미터나 되고, 무게는 180톤이나 돼요. 갓 태어난 대왕고래 새끼도 하마보다 무거워요. 거대한 이 동물은 아주 작은 크릴(새우처럼 생긴)만 먹고 살아요.

대왕고래의 심장은
무게가
다 자란 큰돌고래와
비슷해요!

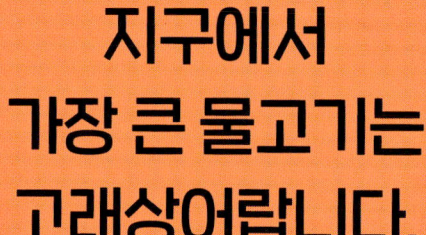

지구에서
가장 큰 물고기는
고래상어랍니다.

고래상어의
길이는 12미터이고,
몸무게는 14톤 정도나 돼요.

지금까지 발견된
물고기 중
가장 작은 것은
길이가 8밀리미터도
되지 않는
파이도키프리스
프로게네티카예요.

그린란드 상어는 세계에서 가장 오래 사는
물고기이자 척추동물이에요.
지금까지 발견된 가장 나이가 많은 그린란드 상어는
400살 정도로 추정되는 암컷 상어랍니다.
얼마나 오래전에 태어났냐면,
윌리엄 셰익스피어가
《햄릿》이라는 작품을 쓰고,
망원경이 발명된 지
얼마 되지 않은 시기에 태어났어요!

그린란드 상어는 아주
느리게 성장해요.
150살이 되어도 어른이
되지 않은 나이랍니다.

세계에서 가장 긴 산맥은
바다 아래 있는 해저 산맥
'대양중앙해령'이에요.
길이가 6만 5000킬로미터나 되는
지그재그 형태이며,
전 세계에 걸쳐 뻗어 있어요.
육지에서 가장 긴 산맥은 안데스산맥이고
길이가 7000킬로미터 정도랍니다.

더 흥미로운 사실은 대양중앙해령이 대부분 화산 분출이 일어나는 화산이라는 거예요. 그러니까 이 산맥은 계속 변화하고 있다는 뜻이지요. 화산이 폭발할 때마다 새로운 암석이 만들어져 지각의 일부가 되고 있어요.

긴끈벌레는 주로 5~10미터 정도 크기예요. 하지만 지금까지 발견된 가장 긴 것은 길이가 버스 두 대보다 긴 2랭티미터밖에 안 되답니다. 남새가 나는 점액을 뿜어내 몸을 보호하며, 작은 동물을 잡아먹고 살아요. 바위틈이나 해안가에서 흔히 발견되는 긴끈벌레는 '세상에서 가장 긴 동물'로 기네스북에 올랐어요.

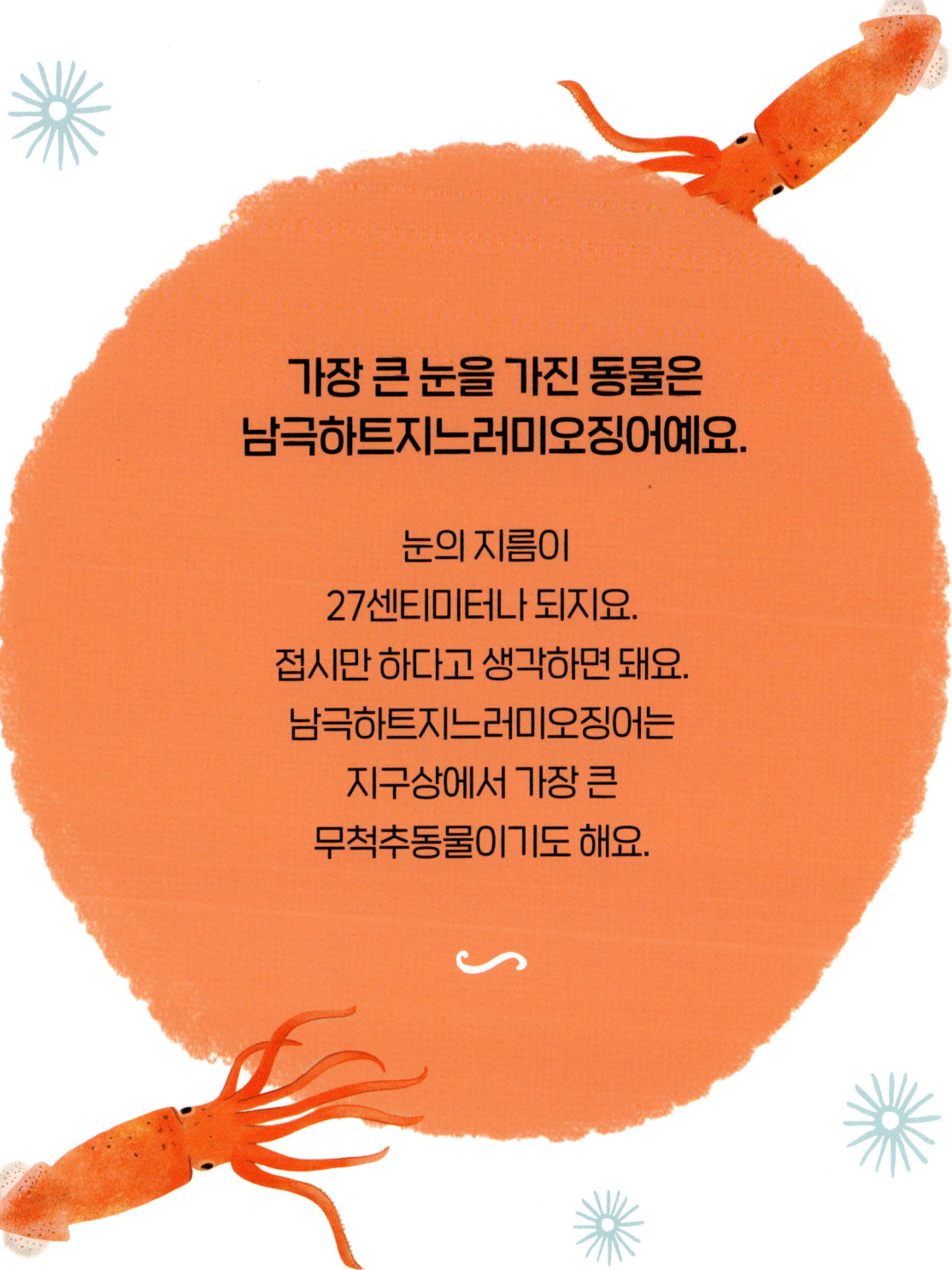

**가장 큰 눈을 가진 동물은
남극하트지느러미오징어예요.**

눈의 지름이
27센티미터나 되지요.
접시만 하다고 생각하면 돼요.
남극하트지느러미오징어는
지구상에서 가장 큰
무척추동물이기도 해요.

지구에서 가장 깊은 곳은
챌린저 해연이에요.

챌린저 해연은
태평양 마리아나 해구에 있고,
깊이가 거의 11킬로미터나 된답니다.
만약 에베레스트산을
챌린저 해연의 바닥에 세운다면,
산 정상과 바다 표면 사이에는
겨우 2킬로미터 정도의
공간만 남을 거예요.

정말로 깊은 챌린저 해연에도
해양 생물들이 살고 있어요.
박테리아나 새우처럼 생긴 생물들이
여기에 살고 있답니다.

물고기가 얼마나 빠르게 헤엄치는지
알아내는 것은 쉽지 않아요.

가장 빠른 물고기 중 하나는 녹새치로,
시속 129킬로미터 속도로 물살을 가로지르며
질주한다고 기록되어 있어요.
치타가 육지에서 달리는 것만큼이나
빠른 속도랍니다.

해파리 중
가장 큰 것은
사자갈기해파리예요.
몸길이가
2미터나 되고,
촉수의 길이는
40미터가 넘는답니다.

지구상의 동물 중
가장 큰 뇌를
가지고 있는 것은
향유고래예요.
또 이빨고래들 중
가장 크기도 하답니다.
길이가 20미터나
되거든요!

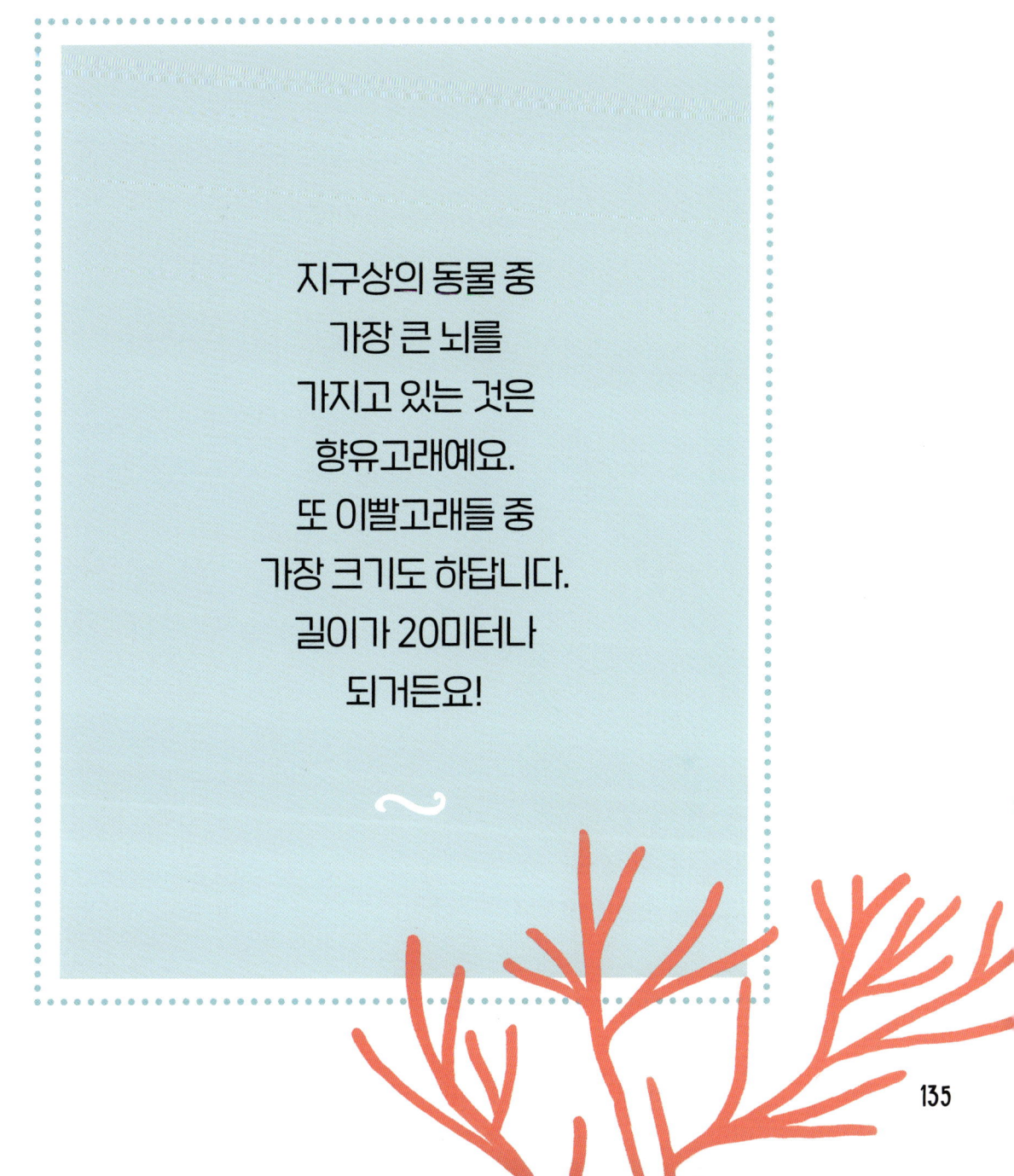

세계 최대의 산호초 지대는
그레이트 배리어 리프예요.
이 산호초 군락의 총 길이는
2600킬로미터가 넘어요.

대왕쥐가오리는
지금 우리가 볼 수 있는 가오리 중에서
가장 큰 가오리예요.
길이는 7미터, 무게는 2톤이나 된답니다.

가장 작은 가오리는
짧은코전기가오리인데
길이가 10센티미터,
무게가 400그램밖에 되지 않아요.
대왕쥐가오리가 2500배나 더 큰 셈이지요!

우리가 아는 한, 지구상에
존재했던 물고기 중에서 가장
큰 것은 메갈로돈이에요.
길이가 15미터나 되는 거대한
상어였지요. 메갈로돈은
260만 년 전에 멸종했어요.

바다사자 중에서
가장 큰 것은
큰바다사자예요.
몸무게가 1톤이 넘는답니다.

큰바다사자는
물고기나 오징어,
문어 등을 먹으며,
북태평양에
서식하고
있어요.

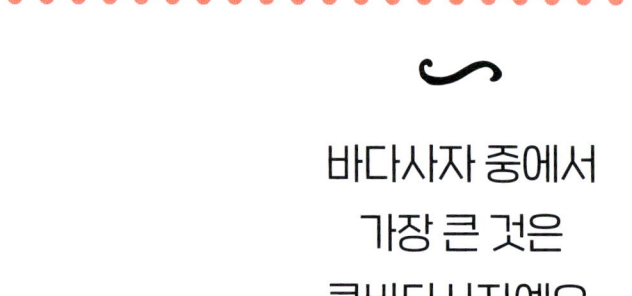

물범 중에서 가장 큰 것은
코끼리바다물범이랍니다.
큰바다사자보다 훨씬 크지요.
가장 큰 수컷의 몸무게는 4톤이나 나가요.
암컷이나 큰바다사자보다
4배 정도 더 무겁고,
가장 큰 하마보다도 더 무겁지요!

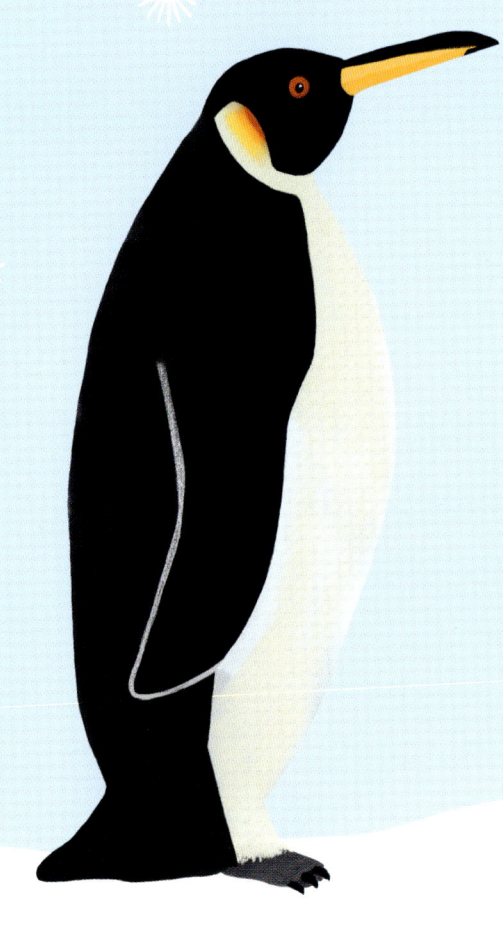

세상에서
가장 큰 펭귄은
황제펭귄으로,
키가 120센티미터,
몸무게는
45킬로그램이에요.

황제펭귄은 가장 깊이
다이빙하는 조류이기도 해요.
황제펭귄의 다이빙 신기록은
수면 아래 564미터랍니다.

하늘을 날아다니는 새 중에서
가장 깊이 다이빙하는 것은
바다오리예요.
수면 아래 210미터까지
뛰어들 수 있답니다.

바다

초판 1쇄 인쇄 2023년 2월 15일
초판 1쇄 발행 2023년 3월 7일

글 트레이시 터너 | 그림 커스티 데이비드슨 | 번역 김지연
펴낸이 백영희 | 펴낸곳 ㈜너와숲 | 주소 (08501) 서울시 금천구 가산디지털1로 225 에이스가산포휴 204호
전화 02)2039-9269 | 팩스 02)2039-9263 | 등록 2021년 10월 1일 제2021-000079호
ISBN 979-11-92509-40-2 (77400) 979-11-92509-36-5 (세트) | 정가 16,000원

이 책을 만든 사람들
편집 김민혜 | 디자인 글자와기록사이 | 마케팅 배한일 | 제작처 예림인쇄

· 이 책의 판권은 지은이와 (주)너와숲에 있습니다.
· 이 책의 일부 또는 전부를 재사용하려면 반드시 양측의 서면 동의를 받아야 합니다.
· 잘못된 책은 구입하신 서점에서 교환해드립니다.

이 책의 한국어판 저작권은 팝 에이전시(POP AGENCY)를 통한 저작권사와의 독점 계약으로 너와숲출판사가 소유합니다. 신 저작권법에 의하여 한국 내에서 보호를 받는 저작물이므로 무단전재와 무단복제를 금합니다.

글 트레이시 터너
스콜라스틱의 편집자로 일했고, 어린이들을 위한 과학, 발명, 생활, 신기한 이야기 등을 주제로 70권이 넘는 책을 쓴 작가입니다. 다양한 분야와 소재를 어린이들이 쉽게 이해하도록 재미있게 쓰고 있어요. 저서로는 《세계의 친구들은 어떻게 살아갈까요》, 《날마다 재미있는 365일 상식사전》, 《날개가 바꾼 역사》 등이 있어요. 현재는 영국에 거주하며 작가이자 프리랜서 편집자로 활발하게 활동하고 있습니다.

그림 커스티 데이비드슨
영국 브라이튼에서 살며, 일러스트레이터이자 캐릭터 디자이너로 다양한 출판사들과 작업을 하고 있습니다. 주로 그림책 삽화 작업을 하고, 오키도 앱 등에서 캐릭터 디자인 작업도 하며, 환경 등의 다양한 프로젝트에 비주얼 디자이너로 작업하기도 했습니다. 그림책을 모으는 것이 취미입니다.

번역 김지연
한국외국어대학교를 졸업하고 국내외 저작권 회사 팝 에이전시와 번역 회사 팝 프로젝트의 대표를 맡고 있습니다. 두 아들의 엄마로 어린이에게 꿈과 희망을 주는 책을 쓰고, 또 찾아서 우리말로 옮기며 활발히 활동하고 있어요. 쓴 책으로는 《엉덩이 심판》, 《걱정 삼킨 학교》, 《콧구멍 경호대》가 있고, 옮긴 책으로는 《우리 엄마는》, 《나의 아빠》, 《빨간 가방》, 《내셔널지오그래픽 공룡 대백과》, 《진짜 색깔을 찾습니다》, 《함께》, 《완벽한 책을 찾아서》, 《정말 정말 신기한 용 백과사전》 등이 있습니다.